2–

Heinz Böller . *Gott und das Böse*

D

Heinz Böller

GOTT
und das Böse

Johannes-Verlag Leutesdorf am Rhein

Erste Auflage 1976

Mit kirchlicher Druckerlaubnis
Umschlaggestaltung: Josef Johnen, Leutesdorf
Gesamtherstellung: Druckerei des Johannesbundes e.V.
D-5451 Leutesdorf am Rhein
ISBN 3-7794-0647-0

Die unheile Welt

Nachdenklich und fassungslos stehen wir Menschen immer wieder vor der unbestreitbaren Tatsache, daß die Welt nicht so ist, wie sie sein sollte und wie wir sie haben möchten. Diese Welt ist voll von Leid, Unglück, Krankheit, Angst, Tod, menschlichem Versagen. Dieses Üble und Böse kann zudem so massiv auftreten, daß viele Menschen völlig niedergedrückt, ja sogar vom Bewußtsein einer völligen Sinnlosigkeit bis zur Verzweiflung getrieben werden.

Das Unheil der Welt, in der wir leben, tritt in mannigfaltiger Weise in Erscheinung. Vieles ist auf natürliche Ursachen zurückzuführen. Anderes scheint unmittelbar aus dem Willen der Menschen zu stammen. Daher spricht man von alters her vom *„physischen Übel“* (Krankheit, Tod, Naturkatastrophen) und vom *„moralischen Übel“*, das aus der Bosheit der Menschen stammt. (Natürlich überlegt man, woher die Bosheit der Menschen kommt, ob sie wirklich immer aus freier Entscheidung hervorgeht oder ob sie nicht vorgegeben ist durch naturbedingte Ausfälle des Menschen oder durch gesellschaftlich bedingte Zwänge, in die der Mensch hineingekommen ist.)

Wenn es auch immer wieder Menschen gibt, die gelassen oder schicksalsergeben das Übel ertragen, so zeigt sich doch insgesamt, daß die Menschen sich gegen Leid, Krankheit, Tod und Unglück sträuben, den Ängsten zu entfliehen suchen, sich bemühen, natürliche Ursachen für Übles zu beseitigen und gegen menschliches Versagen anzukämpfen.

Dabei sind große Erfolge festzustellen. Wir können kaum ahnen, wieviel Unheil durch Vorsicht und Vorsorge täglich von vielen einzelnen verhütet und wieviel Leid durch Menschlichkeit und Nächstenliebe verhindert oder gemindert wird.

Unbestritten sind auch die gewaltigen Erfolge etwa der Medizin in der Bekämpfung der Krankheiten und bei der Linderung körperlicher Schmerzen. Die Menschheitsgeschichte ist auch eine Geschichte erfolgreicher Bekämpfung des mannigfaltigen Übels.

Aber gerade unsere Zeit auf der Höhe wissenschaftlichen und technischen Könnens offenbart mit steigenden Selbstmordziffern, unmenschlichen Kriegen, weltweitem Hunger, bösartigen Krankheiten, weiterhin auftretenden Naturkatastrophen, zunehmender Zerstörung unserer Umwelt, daß wir Menschen eigentlich ohnmächtig sind und unser Tun letztlich vergeblich ist. Alle Erfolge erscheinen als Einzelerfolge, die die Grundsituation nicht ändern. Das Übel wird nicht besiegt, es wird bestenfalls verlagert oder verschoben.

Niemals besiegt der Arzt den Tod. Er drängt ihn nur zurück. Unerbittlich kommt für jeden einzelnen eines Tages sein je eigener Tod, den niemand verhindern oder abnehmen kann, den jeder für sich ganz allein stirbt. Es gibt nichts Gewisseres als diesen Tod, so daß unsere Sprache recht hat, wenn sie

als höchste Steigerung des Wortes „sicher“ das oft leicht dahingesagte „todsicher“ gebraucht.
Immer wieder bricht Unglück herein. Das geschieht sogar mit statistischer Gewißheit. An einem sonnigen Sommersonntag wird die Zahl der Autounfälle größer sein als an einem verregneten. Allerdings weiß niemand, wen der Unfall trifft, und jeder hofft, daß er verschont wird.
Es gibt Katastrophen, die von Natur aus unausweichlich sind. So weiß man, daß Kalifornien mit der Stadt San Francisco ein großes Erdbeben zu erwarten hat. Aber weil niemand den Zeitpunkt und die näheren Umstände kennt, leben die Menschen bis zur Katastrophe dahin.
Alle noch so erfolgreichen Bemühungen um Unfallbekämpfung und Katastrophenschutz, alle hilfreiche Fürsorge um den Menschen erreichen nie das Ziel. Die heile Welt mit nur glücklichen Menschen erscheint als Utopie, als unerreichbares Wunschland.

Die Frage nach der Ursache und dem Sinn des Übels

Angesichts dieser bedrückenden Tatsache, daß das Übel letztlich unausrottbar ist, stellt sich die Frage nach seiner *Ursache* und nach seinem *Sinn*.

Gewiß, viele Menschen suchen sie so lange wie möglich zu verdrängen und leben unbekümmert drauflos. Sie genießen den Tag und verscheuchen Gedanken an Krankheit, Leid und Tod, bis sie selbst betroffen sind und der unerbittlichen Frage nach dem „Warum?" und „Wozu?" nicht mehr ausweichen können.

Andere begnügen sich mit vordergründigen Antworten. Sie sind zufrieden, wenn sie eine unmittelbare Ursache des Übels entdecken und glauben, sie beseitigen zu können. (Wenn die Straße ausgebaut wird, werden dort keine Unfälle mehr geschehen. Wenn die gesellschaftlichen Verhältnisse geändert werden, wird die Welt besser sein.)

Alle Oberflächlichkeiten und alle noch so selbstbewußt, fachmännisch oder wissenschaftlich vorgetragenen Antworten scheitern aber an der Unerbittlichkeit, mit der das Übel in seinen verschiedenen Erscheinungsweisen auftritt und sich den Betroffenen aufdrängt.

Beispielhaft zeigt sich das in voller Schärfe da, wo wir das Übel als besonders grausam, blind und ungerecht empfinden, wo wir keinen natürlichen Sinn

im Ablauf des Sterbens und Werdens erkennen, wo wir nicht einmal einen Grund für Rache und Strafe sehen.
Immer wieder ergreift daher das Leiden Unschuldiger, das Leiden der Kinder. Wenn Nachrichtensendungen im Fernsehen die Schrecken des Krieges oder die Not des Hungers darstellen, erschüttern sie uns am meisten durch die Bilder leidender Kinder.

Eine außerordentlich ergreifende Darstellung des Leidens eines Kindes, das das sinnloseste und unbegründetste Leiden ist, finden wir in der großen Auseinandersetzung um den Sinn menschlichen Schaffens und um den Sinn des Kampfes gegen die Krankheit in dem Roman von Albert Camus „Die Pest“:

„Das Kind hielt die Augen noch immer geschlossen und schien sich zu beruhigen. Die Hände, die wie Krallen geworden waren, wühlten leise in den Bettseiten. Sie stiegen höher, kratzten in der Kniegegend auf der Decke, und plötzlich bog das Kind die Beine, zog die Schenkel an den Bauch und verharrte unbeweglich. Dann öffnete es zum ersten Mal die Augen und schaute Rieux an, der vor ihm stand. In seinem nun aus grauem Lehm geformten Gesicht öffnete sich der Mund, und fast gleichzeitig entrang sich ihm ein einziger, von der Atmung kaum veränderter, ununterbrochener Schrei, der mit einem Schlag den Saal mit einem eintönigen, schrillen Protest erfüllte, der so wenig menschlich war, daß er von allen Menschen zugleich zu kommen schien. Rieux

biß die Zähne zusammen, und Tarron wandte sich ab. Rambert trat neben ihn ans Bett. Paneloux schaute diesen von der Krankheit beschmutzten, vom Schrei aller Zeiten erfüllten Kindermund an. Und er ließ sich auf die Knie gleiten, und alle fanden es natürlich, als sie ihn mit etwas erstickter, aber trotz der namenlosen unaufhörlichen Klage deutlicher Stimme sagen hörten: *‚Mein Gott, rette dieses Kind!‘*
Aber das Kind schrie weiter, und ringsum wurden die Kranken unruhig. Der Patient am anderen Ende, dessen Rufe nicht aufgehört hatten, beschleunigte den Rhythmus seines Klagens, bis auch dies ein richtiger Schrei war, während die anderen immer lauter jammerten. Eine Flut von Schluchzen überschwemmte den Saal und übertönte Paneloux' Gebet, und Rieux, der sich an der Bettstange festhielt, schloß die Augen: ihm war übel vor Müdigkeit und Ekel."
Der Schrei dieses Kindes, dieses Unschuldigen, der stellvertretend der Schrei der ganzen leidenden Menschheit ist, duldet es aber nicht, sich abzuwenden oder sich mit vordergründigen Ursachen zufriedenzugeben. Es genügt nicht, zu sagen: „Wenn die Pest bekämpft ist, ist das Übel beseitigt." Es bleibt die Frage, warum es denn überhaupt so etwas gibt wie die Pest und warum es gerade diesen Menschen trifft und welchen Sinn sie denn haben kann.

Unausweichlich drängt sich die Frage nach dem eigentlichen und letzten Grund für alles Leid und alles Üble auf. Wer bewirkt hinter allen vordergründig erkennbaren Ursachen eigentlich das Unheil dieser Welt? Ebenso unausweichlich ist die Antwort. Weil Leid und Übel offensichtlich ganz wesentlich zu unserer Welt und zu unserem Dasein gehören, müssen sie ihre Ursache bei dem haben, der die Ursache von allem ist, von dem alles letztlich ausgeht.

In der Sprache der Philosophie heißt das: „*Der Weltengrund ist die Ursache des Übels.*"
In der Sprache der Religion müßte es genauso unerbittlich heißen: „*Gott der Schöpfer ist die eigentliche Ursache. Er ist der Urheber des Übels und des Bösen.*"
Damit erhebt sich aber um so drängender die Frage, wie wir uns diesen Weltengrund oder diesen Gott vorstellen sollen, der solches Leid mit dieser Welt verbunden hat, vor allem aber die Frage nach dem Sinn des mannigfaltigen Unheils.
Alles in der Natur hat nicht nur eine Ursache, kommt irgendwoher, sondern hat auch ein sinnvolles Ziel, auf das es hingeordnet ist. Beim Anblick eines blühenden Baumes fragen wir nicht nur: „Aus welchem Grunde blüht er? Welche Kräfte bewirken die Blüte?" (und Wissenschaftler können manches dazu sagen), sondern wir fragen auch: „Wozu blüht der Baum? Wohin zielt die Blüte, welchen Sinn hat sie?" (und wir sehen mit eigenen Augen, daß die Blüte ihren Sinn in der Frucht findet).

Bei dem Übel in der Welt stehen wir jedoch vor einem Rätsel. Gewiß meinen wir manchmal, einen Sinn erkennen zu können. So sagen wir, der Tod müsse Platz schaffen für die nächste Generation und damit für die Entwicklung der Welt. Aber wir sind mit solchen allgemeinen Aussagen nicht zufrieden. Es interessiert nicht nur die theoretische Antwort. Viel unmittelbarer packt das Problem den Betroffenen, der als Kranker oder Alter vor dem Tod steht und nun Platz machen soll für jene, die noch in Gesundheit und Jugendfrische leben. Nicht nur der Vernunft des Beobachtenden, sondern viel mehr dem *Herzen des Betroffenen* drängt sich die Frage auf, was Übel und Leid überhaupt sollen, welchen letzten und eigentlichen Sinn sie haben. So suchen die Menschen unablässig aus Not und Leid nach dem Sinn, der im Weltengrund verborgen sein muß. Sie fragen immer wieder, anklagend, zweifelnd, nicht verstehend, wie Gott so etwas zulassen kann und welches seine verborgenen Ratschlüsse sind.

Antworten der menschlichen Vernunft

Zu allen Zeiten haben die Menschen mit den Kräften des Verstandes versucht, das Rätsel des Seins, des Lebens, des Weltengrundes zu lösen und damit zugleich auch die Frage nach dem Geheimnis des Übels zu beantworten. In aller Schärfe stellt sich diese Frage, wenn man das Dasein eines einzigen, allmächtigen, guten und personalen Gottes annimmt.

Der Schriftsteller *Lactanz* (ca. 300 n. Chr.) formuliert das Problem in seiner Schrift „De ira Dei" (vom Zorne Gottes) so:

1. Entweder *will* Gott das Üble verhindern, *kann* es aber *nicht*. Dann ist er *nicht allmächtig*.
2. Oder er *kann* das Übel verhindern, *will* es aber *nicht*. Dann ist er *nicht gut*.
3. Oder er *will und kann nicht*. Dann ist er *weder allmächtig noch gut*.
4. Oder er *will und kann*. Aber das widerspricht dem Befund.

Daraus ergibt sich die Schlußfolgerung, daß die Tatsache des Bösen den Glauben an einen allmächtigen, guten, personalen Gott unmöglich macht. Gott und das Böse erscheinen als unvereinbar.
Eine Lösung dieses Widerspruchs gibt es nur, wenn man entweder den allmächtigen, guten Gott oder aber das Böse leugnet, verkleinert oder nicht ganz ernst nimmt.

Das Böse und das Gute im Kampf

(Auffassungen von einer gegensätzlich angelegten Welt)

Nach einer uralten Auffassung, die die ganze Menschheitsgeschichte durchzieht, ist das Böse mit dem Guten von Anfang an gleichrangig vorgegeben. Es kann nicht geleugnet oder gar beseitigt werden. Immerwährend besteht ein Kampf zwischen Geist und Materie, Licht und Finsternis, Gutem und Bösem. Beides sind gleichgewichtige göttliche Mächte, die in ihrem steten Kampf aufeinander bezogen sind. Dieser Kampf gehört zum Wesen der Welt, die eine auf Gegensatz beruhende Ordnung (ein antithetisches System) ist.

Im Menschen prallen beide Seiten dieser zweifach angelegten (dualistischen) Welt aufeinander. Gerade in ihm kämpfen Geist und Materie, Glück und Unglück, Gutes und Böses gegeneinander. Zwar soll sich jeder bemühen, die helle Seite zu erreichen, aber im Grunde bleibt nichts anderes übrig, als auch die dunkle Seite hinzunehmen.

Diese Auffassung sucht eine Antwort auf die Ursache des Übels zu geben, indem sie es als wesentlichen Teil einer zweifach angelegten Weltwirklichkeit, in der kein Raum für einen lebendig wirkenden guten und allmächtigen Gott ist, erklärt. Es wird *keine Antwort* auf die Frage nach dem *Sinn des Bösen* gegeben. Völlig versagt diese Auffassung, wenn der einzelne leidende Mensch in seiner ganz persönlichen Not Antwort auf die Frage nach dem Sinn dieses seines ureigenen Leides sucht.

Das Übel ist der Preis für den Fortschritt

(Auffassungen von einer sich entwickelnden Welt)

Eine andere Auffassung, die heute viele Anhänger hat, sieht die Welt in einem steten Entwicklungsprozeß (Evolution). Indem die Welt in der Zeit weiterkommt, verändert sie sich. Diese Veränderung wird Entwicklung genannt. Sie besteht in einem ständigen Fortschreiten vom Unvollkommenen zum Vollkommenen hin. Sie ist das, was wir auch landläufig *Fortschritt* nennen.

Das Üble und das Böse werden als Ausdruck der Unvollkommenheit des jeweiligen Entwicklungsstandes angesehen. Sie sind sogar der Preis für den Fortschritt, sie sind „*Nebenprodukte*" der Evolution. Je weiter die Entwicklung voranschreitet, um so mehr schwindet das Üble, je weiter der gesellschaftliche Fortschritt getrieben wird, desto mehr schwindet das Böse. Am Ende steht die vollkommene menschliche Gesellschaft.

Diese Auffassung eignet sowohl einem *Evolutionspantheismus* (der glaubt, daß alles ein sich entwikkelnder Geist ist) wie auch einem *Evolutionspanmaterialismus* (der glaubt, daß alles eine sich entwickelnde Materie ist). Eine solche *materialistische* Auffassung ist zum Beispiel die *weltanschauliche Grundlage des Marxismus.*

Diese Auffassungen von einer sich entwickelnden

Welt geben nicht nur eine Antwort auf die Frage nach der Ursache des Übels, sondern auch auf die Frage nach dem Sinn. Dieser liegt hier aber in der Entwicklung der Ganzheit der Welt, in der universalen Entwicklung. Wenn auch der einzelne Mensch das Übel nicht einfach hinnehmen muß, sondern durch seinen Einsatz mithelfen kann, den Fortschritt zu beschleunigen, so bleibt er aber doch alleingelassen, wenn er ganz persönlich Unglück, Leid und Tod erfährt. Welchen Trost findet denn der Leidende in dem Gedanken, daß gerade sein Leid ein Beitrag sein soll zu einem „*Mehr an planetarischer Einheit*" oder zur Errichtung einer vollkommenen Gesellschaft? Immer wieder hört man, daß eine aus marxistischem Denken stammende Praxis zwar verhältnismäßig leicht Namenweihe, Jugendweihe und Eheweihe durchführen kann, nicht aber das „sozialistische Begräbnis". Eine Weltanschauung, die den einzelnen Menschen als im Grunde unwichtiges und austauschbares Teilchen einer universalen (die ganze Welt umfassenden) Entwicklung sieht, ist nicht in der Lage, eine Antwort auf die Frage nach dem Sinn des Übels zu geben, die nicht nur den Verstand befriedigt im Zustand des Nichtbetroffenseins, sondern gerade dann dem Menschen gerecht wird, wenn er in Leid und Not nach dem Sinn seines persönlichen Unheils fragt.

Das Übel wird verkleinert
(Platon und Leibniz)

Der große griechische Philosoph *Platon* (427–347 v. Chr.) suchte das Problem des Übels im Rahmen seiner Gesamtlehre vom Göttlichen, vom Menschen und von der Welt zu erklären. Nach ihm ist die Welt, in der wir leben und die wir erkennen, eine Welt der unvollkommenen Abbilder einer vollkommenen Welt, die er *„Welt der Ideen“* nennt. Sie gipfelt in den Ideen des Wahren, Guten und Schönen. Diese Ideenwelt besitzt höchste Wirklichkeit. Wir dagegen leben in einer Welt der Schattenbilder. Das Böse ist das Zeichen und der Beweis dafür, daß den abgebildeten Ideen die Vollkommenheit ihrer Urbilder fehlt. Das Üble in der Welt ist ein Mangel, ein Fehlen des eigentlichen Seins.

Die Schwäche der platonischen Auffassung liegt für uns sicherlich darin, daß sie die Wirklichkeit unserer Welt nicht ernst genug nimmt und von daher auch das Problem des Übels verharmlost.

Einer der größten Denker der Neuzeit, *Gottfried Wilhelm Leibniz* (1646–1716), sah die Welt besonders in ihrer Größe, Schönheit und Ordnung. Alles an ihr erschien ihm von Anfang an in einer wunderbaren Übereinstimmung (Harmonie) zu sein. Das Übel in der Welt wird eingebettet in diese vorgegebene Harmonie des Ganzen. Es gehört wesentlich zur Endlichkeit der Welt, ist aber nur der dunkle Hintergrund, von dem sich das Gute, Schöne und Vernünftige um so strahlender abhebt. Die Vernunft kann sich keine vernunftgemäßere Welt denken. Diese ist die *„beste unter den denkbar möglichen Welten“*. Sie ist die Welt der kleinsten Übel.

Leibniz suchte so den Glauben an Gottes Güte trotz des offensichtlichen Übels in der von ihm geschaffenen Welt zu rechtfertigen. (Er bildete dafür das Wort *„Theodizee“*, Rechtfertigung Gottes, mit dem man von nun an das Problem des Übels in der Welt bezeichnet: *Theodizee-Problem.)*

Aber auch Leibniz' Sicht war nicht ohne Schwächen. Der allgütige Gott ist gebunden an die Denknotwendigkeiten und an die Gesetze der begrenzten Welt, die er als Allmächtiger selbst geschaffen hat.

Schließlich wurde auch die Auffassung von der bestmöglichen Welt ins Gegenteil verkehrt. So sprach *Schopenhauer* (1788–1860) von der *„schlechtesten aller Welten“*. Das Gute in ihr ist nur der Hintergrund, von dem sich das Übel um so schmutziger abhebt. Die Verkleinerung des Übels bei Leibniz bewirkte im Gegensatz dazu die Vergrößerung durch Schopenhauer.

Bei aller Hochachtung vor den großen Leistungen menschlichen Denkens und bei aller Anerkennung, daß viel Wahres und Beherzigenswertes gesagt wird, ist doch festzustellen: *jedes noch so menschliche Bemühen kann das Problem des Übels in der Welt nicht restlos klären.* Das Üble in der Welt bleibt im Geheimnis, es bleibt ein ungelöstes Rätsel. Vor allem aber geben Weltanschauungen, die vornehmlich das Ganze des Problems zu erklären versuchen, dem einzelnen in seiner konkreten Lebenssituation und Leiderfahrung keine Hilfe.

Das Übel wird geistig bewältigt
(Die Stoiker)

Da haben die Stoiker (Mitglieder und Anhänger der „Stoa", einer Philosophenschule, die im 3. Jahrhundert v. Chr. in Athen begründet wurde) versucht, mit dem Problem des Übels praktisch fertig zu werden. Sie taten es nicht wie die Anhänger der Schule Epikurs, ihre Zeitgenossen, die das Übel überspielten, indem sie in kluger Weise das Leben zu genießen suchten, das Leid anderer übersahen und jeden Tag wie eine süße Frucht pflückten. Die Stoiker verdrängten das Üble nicht, sondern stellten sich ihm. Sie bemühten sich dabei um eine sittliche Haltung, die das Widrige, Böse und Unheile nicht so wichtig nimmt und es in Gelassenheit erträgt. Sie erstrebten eine geistige Größe, die jeden Ansturm des Unglücks überragt. *„Schmerz, du bist nur ein Wort."*
Wenn aber das Unglück denn doch zu mächtig wurde, wollten sie dennoch erhaben über ihr Schicksal bleiben. Sie suchten dann die letzte Möglichkeit ihrer Freiheit, indem sie sich den *Freitod* gaben.

Eine solche stoische Haltung ist sicher im Ansatz ein Ausdruck der Lebensweisheit. Gelassenheit ist sicher für jeden Menschen ein erstrebenswertes Ziel. Aber bis zu der von den Stoikern geforderten Größe gelangen wohl nur wenige starke Persönlichkeiten. Und ist es wirklich richtig, bei persönlichen Schicksalsschlägen und beim Anblick des Elends dieser Welt sich in die innere Ruhe der Erhabenheit zurückzuziehen?

Ist nicht auch an der äußersten Grenze der selbst gewählte Tod viel mehr eine Flucht als eine Bewältigung?

Wie alle Antworten menschlicher Vernunft vermag auch die Lehre der Stoiker das Rätsel des Übels in der Welt nicht zu lösen. Es bleibt ein Widerspruch. Vor allem aber scheitern Vernunftlösungen an der harten Wirklichkeit des persönlichen Leides. Dieses wird ja letzten Endes nicht mit der Vernunft erfaßt und bewältigt, sondern mit allen Möglichkeiten des Fühlens erfahren. Daher kann es auch nur gemildert und geheilt werden, wenn der ganze Mensch angesprochen wird, nicht nur als denkender, sondern auch als *liebender und hoffender*.

Hier wird die christliche Religion zur Frohen Botschaft.

Die Lehre des Christentums wendet sich aber nicht nur an den einzelnen in seiner konkreten Situation; sie muß zugleich eine Antwort auch für die Vernunft geben, die das Ganze des Problems des Übels in der Welt umgreift. Eine solche christliche Antwort stammt aus dem Denken der Menschen. Dieses Denken orientiert sich aber wesentlich an der göttlichen Offenbarung. Es spricht, wie die alten Theologen sagen, die *„durch den Glauben erleuchtete Vernunft“* (ratio fide illuminata).

Antworten der durch den Glauben erleuchteten Vernunft

Unter allen christlichen Denkern hat sich besonders der heilige *Augustinus* (354—430) mit dem Problem des Übels in der von dem guten und allmächtigen Gott geschaffenen Welt auseinandergesetzt. Er suchte das Problem in Weiterführung platonischer Gedanken und im Licht der Offenbarung *ontologisch* (seinskundlich) und *theologisch* zu lösen.

Mit den geistigen Nachfahren Platons, den Neuplatonikern, sprach er dem Übel das Sein ab. Es besteht eigentlich gar nicht in sich selbst. Es kommt nur an etwas Bestehendem vor. Es erscheint als Mangel, als Verneinung, als Beraubung. *„Alles Übel ist beraubtes Sein.“*

Augustinus hat mit Nachdruck betont, daß die ganze Natur an sich gut ist, gut aus dem Willen des allmächtigen Schöpfers hervorgegangen ist. Gott hat ihr in seiner Weisheit Maß, Gestalt, Ordnung (modus, species, ordo) gegeben. Das Böse ist die Zerstörung dieser Vollkommenheiten. Es ist der Verlust des Guten, die Wegnahme von Maß oder Gestalt oder Ordnung. So ist es ein Mangel am eigentlichen Sein.

Ein Riß an einem Kleidungsstück besteht nicht in sich selbst. Er ist ein Mangel am Kleidungsstück. Dieses ist geschaffen und existiert. Risse kann man nicht schaffen. Sie sind Zerstörung des Geschaffenen.

Das Kleidungsstück ist das *Gute,* das eigentlich Seiende. Der Riß ist eine Beraubung, eine Wegnahme der *Gestalt,* die dem Kleidungsstück eigen ist. Er kann nur vorhanden sein, weil es das Kleidungsstück gibt. Ohne dieses gibt es keine Risse. Der Hersteller will ein ganzes, schönes, heiles Kleid. Die Zerstörung durch den Riß erfolgt nicht in seinem Sinn.

Auch die Krankheit hat kein Sein an sich. Sie ist vielmehr das Fehlen der Gesundheit, die dem Leib zukommt.

Äpfel-Nehmen ist an sich eine gute Sache. Geschieht es aber außerhalb der recht verstandenen Eigentumsordnung, so liegt darin das Böse.

Gott hat also das Böse nicht geschaffen. Er hat das Seiende geschaffen, nicht, was diesem fehlt. Gott hat allem Geschaffenen Ordnung, Gestalt und Maß gegeben. Die Störung und Zerstörung stammt nicht von ihm.

Diese Lehre wird von den Theologen immer wieder vertreten.

Woher stammt aber denn das Übel in der Welt, wenn es nicht von Gott kommt? Der erste Anstoß erfolgte von außen. Aus der Heiligen Schrift ist zu entnehmen, daß Gott auch reine Geister erschaffen hat. Diese sollten in Freiheit Gott dienen. Ein Teil von ihnen hat Gott die Anerkennung verweigert und lebt nun in der Trennung von Gott. Das bedeutet aber, daß sie sich in einem Zustand der Zerstörung alles dessen befinden, was Gott ihnen durch seine Schöpfung gegeben hat. Maß, Gestalt, Ordnung, Freiheit, Liebesfähigkeit der Engel sind bei ihnen völlig zerstört. Daher besteht in ihnen eine ständige Widerstandshaltung gegen die gottgeschaffene Ordnung. Sie suchen diese zu zerstören. Deshalb werden sie auch „diaboloi", Durcheinanderwerfer, genannt. (Über Diabel, Deibel ist unser Wort Teufel entstanden.) Im Menschen glauben diese zerstörten Engel eine Möglichkeit zu finden, um ihr Ziel zu erreichen. Sie suchen ihn ebenfalls zu zerstören und suchen mit seiner Hilfe zu verhindern, daß Gottes Ordnung bestehen bleibt. So haben sie die ersten Menschen verwirrt, indem sie ihnen Gottgleichheit versprachen; so verwirren sie immer wieder, indem sie als gut und erstrebenswert hinstellen, was in Wahrheit und im schließlichen Ergebnis sich als schlecht, schädlich und verabscheuungswürdig erweist.

Das Übel in der Welt entsteht dadurch, daß der vom Teufel verblendete Mensch sich gegen Gestalt, Ordnung und Maß der von Gott geschaffenen Welt, wozu er auch selbst gehört, auflehnt und sie und sich auf diese Weise verdirbt. Das Übel stammt somit aus dem Hochmut des Menschen gegenüber Gott und seiner Schöpfung. Es stammt aus der Sünde.

In der Tat können wir beobachten, daß eine Fülle von Leid und Not aus der verkehrten Haltung der Menschen hervorgeht. Wieviel Lieblosigkeit, Haß, Armut, Krieg, Hunger, Einsamkeit brauchte nicht zu sein, wenn die Menschen den in der Natur und in der Offenbarung uns vorgestellten Willen Gottes ernst nähmen! Wie heil wäre eine Welt ohne Sünde!

Dennoch ist aber viel Unheil in der Welt nicht so einfach zu erklären, daß es aus der Sünde stamme. Zwar sagt schon der heilige Paulus, daß in der Sünde des ersten Menschen, der sich in Ungehorsam, dem Ausdruck von Stolz und Hochmut, gegen die ihm von Gott gesetzte Ordnung erhob, die ganze Menschheit mitgefallen ist und die ganze Natur in Mitleidenschaft gezogen wurde. So stammt auch der Tod aus der Sünde. Es bleibt aber schwer zu begreifen, daß auch das physische Übel eine Folge der Sünde des Menschen ist. Letztlich steht es im Geheimnis.

Die Frage nach der Ursache des Bösen in der Welt muß aber gerade aus der Lehre der Offenbarung noch weitergeführt werden. Es bleibt die Frage, warum Gott denn überhaupt die Menschen so geschaffen hat, daß sie sündigen, also sein Werk verderben können. Er hätte sie doch so erschaffen können, daß sie mit dem Willen Gottes übereinstimmen. Er könnte sie hindern, Böses zu tun, hätte auch den ersten Menschen vor dem Sündenfall bewahren können. *Warum also läßt Gott die Sünde und damit das Böse und das mit der gefallenen Natur gegebene Übel zu?*

Die Antwort auf diese Frage ist die Antwort auf die Frage nach dem Wesen des Menschen. Wir wissen, daß der Mensch das höchste aller Lebewesen ist. Die göttliche Offenbarung bestätigt das und betont noch besonders, daß der Mensch nach dem Bilde

Gottes geschaffen ist. Das bedeutet: er besitzt Verstand, ist zum seelischen Fühlen fähig, er ist ein *Wesen der Liebe.* Ganz entscheidend bedeutet Menschsein aber auch, *im Besitz von Freiheit zu sein.* Der Mensch hat seine besondere Größe und Würde gerade darin, daß er aus der Instinkt- und Triebordnung der Tiere, an der er zwar Anteil hat, hinausgenommen worden ist in den Raum der Freiheit. Hier lebt er nicht mehr nur in den in seiner leiblichen Natur angelegten Gesetzen; hier gibt es Möglichkeiten eigener Entscheidung.

Gott hat diese Größe des Menschen, die ihn über das Tier erhebt, gewollt, indem er ihn erschuf. Der Mensch kann aber nur dann frei sein, wenn er die Möglichkeit zum *Nein* genauso besitzt wie die zum *Ja.* Die Möglichkeit zur Sünde gehört somit genauso zum Menschen wie die Möglichkeit, den Willen Gottes zu tun.

Diese Freiheit ist offensichtlicht ein so hohes Gut, daß Gott die Sünde und das Übel dafür gleichsam in Kauf genommen hat. Gäbe es keine Möglichkeit zur Sünde, so gäbe es keine Freiheit. Die Sünde ist der falsche Gebrauch der Freiheit. Diese stellt sich aber in ihrer wahren Größe dar, wenn der Mensch, obwohl er anders könnte, die göttliche Ordnung anerkennt und den Willen Gottes tut. Ein freies *Ja* mit der Möglichkeit zum *Nein* ist viel mehr als das in Gesetze vollständig eingebundene unfreie Dasein der übrigen Geschöpfe. *„Höchste Ehre Gottes ist der Mensch, der Gott dient“* (Ludwig Wolker).

Man kann vielleicht soweit gehen zu sagen, daß das

Böse die Kontrastverkündigung des Guten ist. Daß es tatsächlich das Gute gibt, können wir daran sehen, daß es das Böse gibt. Wenn Menschen Böses in Freiheit tun, müssen sie auch in echter Freiheit Gutes tun können.

Die Antwort, daß Gott das Böse zuläßt, weil es mit der Freiheit zusammenhängt, die ein so hohes zum Wesen des Menschen gehörendes Gut ist, kann aber dem Verstand immer noch nicht genügen. Das Böse der Menschen und das Übel der Welt bleiben rätselhaft. Daher sprechen die Theologen auch immer vom *„Mysterium iniquitatis“*, vom Geheimnis der Gottlosigkeit, vom Geheimnis des Bösen und des Übels. Es bleibt ja immer noch die Frage nach der tiefsten Absicht, die Gott mit seiner so gearteten Schöpfung hat.

Die Antwort derer, die den unendlichen, guten und allmächtigen Gott anerkennen und zugleich die Fülle und die Mannigfaltigkeit des Unheils sehen oder gar erfahren, kann nur *das Schweigen vor dem Geheimnis* sein.

Dennoch führt uns die Offenbarung weiter. Sie zeigt uns, daß Gott nicht nur am Anfang der Welt steht als ihre Ursache, als ihr Schöpfer, sondern daß er mit ihr einen geschichtlichen Weg geht. So ist alles, was die Menschen tun, wirksam für eine Zukunft. Das zeigt sich gerade an der Sünde des ersten Menschen. Seinem Widerspruch aus der ihm geschenkten Freiheit heraus läßt Gott aus seiner Freiheit ein das *Ja* der Schöpfung noch überhöhendes *Ja* der Erlösung folgen. Die Sünde des Menschen und das Leid der Welt verlangen und bewirken den Erlöser. Im Gegensatz zum Hochmut und Ungehorsam des Menschen nimmt er in Demut und Gehorsam das Böse und das Übel bis in den Tod hinein auf sich und überwindet es durch seine Auferstehung. Dadurch öffnet er den Menschen eine neue Stufe des Seins, auf der sie in der höchsten Möglichkeit der Vollendung in voller Freiheit ein uneingeschränktes *Ja* zu Gott sagen können. *Übel und Schuld sind der Anfang, die Erlösung ist die Folge, die Vollendung bei der Wiederkunft des Erlösers ist das Ziel.*

Die Kirche singt seit alters her in der Osternacht: „*O felix culpa, quae talem ac tantum meruit habere redemptorem!*“ („O glückliche Schuld, die es verdiente, einen so erhabenen und großen Erlöser zu erhalten!“)

Die Kirche stellt damit das Geheimnis des Übels der Welt in den großen *Zusammenhang der Heilsgeschichte*. Sie lehrt uns dadurch, noch einen weiteren Gedanken zu erwägen.

Nach dem heiligen Augustinus besitzt alles Geschaffene Ordnung, Gestalt und Maß. Nun weist uns aber die heilsgeschichtliche Betrachtung darauf hin, daß auch die *Zeit* zur Schöpfung gehört und es daher auch in ihr eine Ordnung, eine Gestalt und ein Maß geben muß. Diese können sich aber nur im Nacheinander entfalten und nur im Nacheinander erfahren werden. Das Ganze eines Gedichtes oder einer Melodie wird nur erfahren, wenn die einzelnen Worte und Töne kommen und vergehen. Wer nur einen kleinen Ausschnitt wahrnimmt, kann die Schönheit und die Vollkommenheit des Ganzen nicht erfassen. So kann man auch das Ganze der Welt nur erfassen, wenn man ihre gesamte Zeit von Anfang bis zum Ende wahrnehmen könnte. Das geht aber erst am Ende der Zeiten. Dann erst kann die Fülle und Schönheit der Weltmelodie erfahren werden. (Möglicherweise ist es die Melodie der Evolution.)

Tod und Untergang des einzelnen sind die Voraussetzung, daß das Ganze möglich wird. Wir einzelne Menschen, ja ganze Kulturen sind nur einzelne Töne und haben mit Kommen und Vergehen einen Anteil daran, daß die ganze Weltmelodie erklingen kann. Wir Menschen können, gleichsam als einzelne Töne, nicht wissen, in welchem Zusammenhang der Weltmelodie wir stehen. Wir müssen vor dem unerfahrbaren Geheimnis des Ganzen schweigen. Aber vielleicht ist uns das Thema der Melodie mitgeteilt worden, und vielleicht können wir dieses Thema immer wieder durchklingen hören.

Die göttliche Offenbarung lehrt uns, daß das Thema der Weltmelodie sich ganz rein darstellt in *Jesus Christus*.

In ihm erfuhr die Schöpfung ihren Höhepunkt; denn er ist der Mensch, der mit Gott eine Einheit bildet. Er ist Gott und Mensch zugleich. Sein Menschsein ist vollkommen. Die Geschichte kennt keinen besseren, edleren und heiligeren Menschen. Aber gerade er wurde tief hineingezogen in Enttäuschung, Leid und qualvollen Tod. So ist er uns gleichförmig geworden in einer beispielhaften Weise.

Die christliche frohe Botschaft besteht aber nun darin, daß Jesus nicht im Tode blieb, sondern in der Auferstehung durchbrach zu einem neuen Leben, zu einer höheren Rangstufe des Lebens, das wir ewiges Leben bei Gott nennen. Die christliche frohe Botschaft verkündigt weiter, daß wir ihm, *„dem Erstling der Entschlafenen"* (1 Kor 15, 20) in der *„Auferstehung der Toten"* (Glaubensbekenntnisse) folgen werden.

Wenn wir Jesus Christus als das Thema der Weltmelodie anerkennen, dann müssen wir auch anerkennen, daß Auferstehung und Verherrlichung zur Weltmelodie gehören. Sie bleiben uns in unserem Erfahrungsbereich noch verborgen. Aber Jesus zeigt uns beispielhaft, daß alles Leid und alles Übel sein Ziel in dieser Vollendung findet.

Diese *christliche* Antwort auf die Frage nach dem letzten Ziel und Sinn der Welt und des mannigfaltigen Übels in ihr beläßt das Problem im Geheimnis. Gott gibt dem Menschen kein fertiges Wissen, wo die Vernunft nicht weiterkommt. Er will, daß wir vor den Tiefen der Geheimnisse demütig haltmachen. Dieses Halt ist aber kein Halt der Verzagtheit und der Verzweiflung. Gott hat uns in Jesus Christus das *Hoffnungszeichen* gesetzt. Weil er aber unsere Freiheit nicht antastet, drängt sich dieses Zeichen nicht auf wie etwas, das wir mit eigenen Augen sehen, oder wie die Lösung einer Rechenaufgabe. Gott ruft uns auf, im Glauben ein freies *Ja* zu sprechen. Damit wendet er sich aber an jeden einzelnen persönlich.

Die Lehre der Heiligen Schrift

In der Heiligen Schrift finden wir keine fertigen Antworten auf die Frage nach dem Geheimnis des Übels und des Bösen in der Welt und im Leben eines jeden. Gott beläßt uns unsere Freiheit. Er zwingt sich nicht auf. Aber die Heilige Schrift gibt uns Anregungen zum Nachdenken und Hinweise für die persönliche Situation. Sie tut das meist durch lebendige Erzählungen und durch anschauliche Beispiele. So wird das Problem des Bösen nicht ein für allemal im Sinne einer verstandesmäßigen Lösung behandelt; es wird vielmehr in vielen Beispielen für den nachdenklichen Leser entfaltet. Den Gläubigen führt sie schließlich in die Mitte des Geheimnisses der Erlösung von Sünde und Leid. Sie führt ihn zu Jesus Christus.

Im Alten Testament herrscht zunächst der Gedanke vor: *Leid ist Strafe für die Sünde.* Das kommt zum Beispiel zum Ausdruck in den Worten aus dem Ersten Gebot: *„Ich, Jahwe, dein Gott, bin ein eifersüchtiger Gott. Ich suche bei denen, die mich hassen, die Schuld der Väter noch bei den Kindern und noch im dritten und vierten Geschlecht heim; doch denen, die mich lieben und meine Gebote halten, erweise ich Gnade bis ins tausendste Geschlecht"* (Exodus 20, 5).

Gewiß, Gottes Liebe ist vielmals größer als seine Strafgerechtigkeit, aber mit aller Deutlichkeit kommt hier zum Ausdruck, daß Gott das Böse bestraft. Er bestraft nicht nur den bösen Menschen persönlich, sondern auch noch die Nachkommen. Die Folgen der bösen Taten wirken fort. In den Erzählungen von der Sintflut und vom Untergang von Sodom und Gomorra sind sogar Naturkatastrophen die Strafe für Sünde.

Das Alte Testament begnügt sich aber nicht mit dieser Erklärung des Übels in der Welt. Besonders zeigt sich das im Buche Ijob (Hiob). Dieses setzt sich unter allen Büchern des Alten Testamentes am gründlichsten mit dem Problem des Übels auseinander.

Der gerechte Ijob wird von Leid, Unglück und Krankheit überschüttet. Vor dem Unbegreiflichen, das er erfährt, hadert er mit Gott. Da erscheinen seine drei Freunde. Sie kommen über die alte Vergeltungslehre nicht hinaus, daß Leid Strafe für Sünde sein muß. *„Wer Bosheit pflügte und wer Unheil säte, mußte dies auch ernten“* (Ijob 4, 8). Nach ihrer Auffassung stehen Sünde und Leid in einem gerechten Verhältnis zueinander. Wie groß die Sünde, so groß ist auch das Leid. Wenn der Mensch sich bessert, wird Gott auch das Leid wegnehmen.

Ijob hört sich die Reden seiner Freunde an und setzt sich damit auseinander. Er kann ihnen aber in seiner Selbstprüfung nicht folgen. Sein Leid und Unglück erscheinen ihm größer als seine Schuld. Andererseits leben ja auch viele, die Strafe verdient hätten, stolz und reich. *Leid entspricht also nicht der Schuld.*

Dieser Gedanke wird von dem jungen *Elihu,* der zu den drei Freunden hinzukommt, aufgegriffen. Er erklärt, daß wir Gottes Absichten nicht erkennen oder gar ergründen können, weil Gott so himmelweit über den Menschen thront. „*Den Allmächtigen, wir ergründen ihn nicht*" (Ijob 37, 23). Was Gott mit uns tut, ist ein Geheimnis. Wir sollten nicht darüber grübeln und Gott Vorschriften machen über das, was er uns an Leid schickt. Elihus Überlegungen gelangen zu der Aussage: *Leid ist Prüfung zur Bewährung und zur Läuterung des Guten im Menschen.*

Gott bestätigt, daß niemand ihm Vorschriften machen kann. Ihn, den Gewaltigen, anzuklagen, ist reine Narretei. Er zeigt doch überall in der Natur an seinen Geschöpfen seine Güte, Weisheit und Allmacht. Der Mensch soll sich dieses vor Augen halten und in der Dunkelheit des Leides hoffen und glauben, daß Gott alles, oft für den Menschen verborgen, in Weisheit und Güte lenkt. *Gott weiß das Böse zum Guten zu lenken.* Darum sollen wir unser Leid voll Vertrauen in die Hände Gottes legen, auch wenn wir den Sinn noch nicht erfassen.

Das Buch Ijob macht auch noch die Andeutung, daß das Böse und das Übel *aus der Verführung und aus dem Neid des Teufels stammen.* Es erzählt, daß der Teufel von Gott fordert, ihm den Ijob auszuliefern. Es zeigt aber im Ergebnis, daß der Teufel scheitert. Ijob trennt sich nicht von Gott.

Der Gedanke des Buches Ijob, daß Gott das Böse zum Guten zu lenken weiß, kommt auch sonst im

Alten Testament vor. Dafür sind schon die ersten elf Kapitel des Buches Genesis ein Beispiel. Obwohl Adam und Eva von Gott abfielen, sorgt Gott noch für sie und verheißt ihnen Rettung aus den Folgen der Sünde. Der Brudermörder Kain erhält ein Zeichen, daß niemand, der ihm begegne, es wage, ihn zu töten. Die schuldig gewordene Menschheit wird in Noach und seiner Familie zu einem neuen Anfang gerettet. Nach dem Hochmut von Babel folgt unmittelbar die Geschichte Abrahams mit der Verheißung des Segens für alle Geschlechter der Erde.

Ganz besonders deutlich zeigt die Geschichte des Josef, daß Gott das Böse zum Guten lenken kann. Das Leid durch den Verkauf in die Sklaverei und durch die ungerechte Behandlung im Hause Potifars, die Enttäuschung über den unzuverlässigen Mundschenk im Gefängnis sind die Voraussetzung für Josefs Erhöhung. Erst da sieht er den Sinn des Leides ein und kann in Dankbarkeit gegen Gott seinen Brüdern verzeihen.

Ein spanisches Sprichwort hat diese Lehre der Heiligen Schrift erfaßt, wenn es sagt: *„Gott kann auch auf krummen Zeilen gerade schreiben."*

Im Neuen Testament werden die Aussagen des Alten Testamentes nicht aufgehoben. Leid kann tatsächlich Strafe sein. Es kann auch ein Mittel zur Prüfung und Läuterung sein. Vor allem aber gilt, daß Gott das Böse zum Guten zu lenken weiß.

Die Lehre des Neuen Testamentes führt aber weiter. Vergeltung des Bösen (wie auch des Guten) gibt es nicht nur in diesem Leben, sondern auch im Jen-

seits. Das zeigt zum Beispiel das Gleichnis vom reichen Prasser und dem armen Lazarus.
Vor allem aber kommt ein Gedanke zum Ausdruck: *Leid ist Gnade. „Meister, wer hat gesündigt, dieser oder seine Eltern, daß er blind geboren wurde?"* Diese Frage aus dem Geist der Vergeltungslehre steht noch tief im Alten Testament. Jesus antwortete: *„Weder dieser hat gesündigt noch seine Eltern, sondern die Werke Gottes sollen offenbar werden an ihm"* (Joh 9, 2–3). Hier wird ein Mensch durch sein Leid zum *Werkzeug der Offenbarung Gottes.*

Hier wird das Zentrum der biblischen Antwort erreicht. Das Übel und das Leid bleiben im Geheimnis. Dieses liegt in seinem Sinn tief im verborgenen Ratschluß Gottes. Der Mensch in seiner persönlichen Not und der Beobachter des Unheils der Welt werden aufgefordert, sich diesem Ratschluß Gottes anzuvertrauen und dadurch Gott näher zu kommen. *Die eigentliche Antwort der Heiligen Schrift* auf die Frage nach dem Grund und dem Sinn des mannigfaltigen Übels in der Welt und in jedem Menschenleben erfolgt nicht in Lehrsätzen oder verstandesgemäßen Schlußfolgerungen, nicht in Erzählungen oder Merksätzen; sie ist uns vielmehr gegeben in der *Person des Gottmenschen Jesus Christus.*

Jesus Christus als Antwort

Der Holländische Katechismus sagt, daß das Geheimnis des Übels in der Welt seine Antwort nur in Jesus Christus findet. Wir müßten uns allerdings bekehren von der philosophischen Spekulation über einen fernen unbekannten Gott zur Nähe seiner Offenbarung in Jesus Christus. Nicht das Grübeln über Gott und den Widerspruch des Übels führe zum Ziel, sondern die Betrachtung des Leidens und der Auferstehung Jesu[1].

Jesus wendet sich an jeden einzelnen in seiner persönlichen Lage. Er will jeden aus seiner Einsamkeit herausführen, indem er ihm zunächst den allmächtigen, unendlichen und rätselhaften Gott ganz nahe bringt. Er lehrt uns, zu Gott das menschlich vertraute Wort „Vater" zu sagen. *„Seid nicht ängstlich besorgt. Euer himmlischer Vater weiß ja, daß ihr dies alles braucht"* (Mt 6, 25. 32). Von nun an können wir zu dem unbegreiflichen Weltengrund ganz schlicht und ganz aus der Nähe beten: *„Unser Vater!"*

Über seine Lehre hinaus gibt Jesus uns durch sein Beispiel einen Anstoß, eine Anregung, selbst in der größten Not in Glauben und Vertrauen wie er das *„Ja, Vater!"* zu sprechen. In der Todesangst im Ölgarten betet er: *„Vater, wenn es möglich ist, gehe dieser Kelch an mir vorüber! Doch nicht wie ich will, sondern wie du willst!"* (Mt 26, 39). In diesem

Sinne hat er uns auch gelehrt, täglich zu beten: *„Dein Wille geschehe wie im Himmel so auf Erden." Wir sollen uns wie Jesus dem Willen Gottes anheimgeben.*

Jesus folgt dem Willen Gottes bis in den Tod. Damit aber steigt er hinab in das Geheimnis des Bösen und des Übels. Er wird so Mensch bis zur letzten Konsequenz.

Jesus erleidet den schmach- und schmerzvollen Kreuzestod. Dieses Kreuz wird durch ihn nun aufgerichtet als das *Zeichen, an dem das Geheimnis und der Sinn des Übels offenbar werden kann.*

Es ist keine Offenbarung, die das Dunkel des Geheimnisses verscheucht. Für das nur rationale Denken, das nur das von der Vernunft Erfaßbare anerkennen will, bleibt die Antwort des Kreuzes unbefriedigend. Daher hat gerade unsere Zeit, die so stolz ist auf wissenschaftliche Erkenntnisse und auf das durch unsere Berechnungen machbar Gewordene, weithin den Zugang zum Zeichen des Kreuzes verloren. Dennoch bleibt das Kreuz Christi das Zeichen, das für alle Zeiten aufgerichtet wurde.

Dieses Kreuz, *„das sich wie ein Mensch mit ausgebreiteten Armen nach allen Seiten ausstreckt, ist der Wegweiser zu dem unergründlichen Geheimnis Gottes. Es weist dunkel ins Zentrum des Mysteriums. Im Kreuz hat Gott sein Herz geöffnet, sein tiefstes Geheimnis verraten. Gott ist solidarisch mit den Opfern"*[2].

Jesu Todesschrei am Kreuz wird eins mit dem Todesschrei des unschuldigen Kindes bei Camus; sein Leiden wird eins mit dem Leiden der ganzen Welt, mit der Not eines jeden einzelnen. „*Aus den Gaskammern von Auschwitz, von den zerstörten Dörfern und den geschundenen Kindern in Vietnam, aus den Elendsquartieren in Indien, in Afrika, in Lateinamerika, aus den Konzentrationslagern der kommunistischen Welt, die uns Solschenizyn mit erregender Eindringlichkeit vor die Augen gestellt hat, von überall blickt uns das ‚Haupt voll Blut und Wunden, voll Schmerz bedeckt mit Hohn' mit einem Realismus an, der jeder ästhetischen Verklärung spottet*[3].

Es ergeben sich hier einige Erwägungen:

1. Die Menschwerdung Gottes in Jesus Christus ist ganz besonders ernst zu nehmen. Wir sagen oft so leichthin: Gott ist Mensch geworden, denken dabei vor allem daran, daß er unsere Natur angenommen hat. Vielleicht erinnern wir uns auch daran, daß mit der Krippe das Kreuz schon angelegt ist. Aber wir vergessen oft, daß die Menschwerdung entscheidend auch bedeutet, daß *Gott hineinsteigt in die tiefste Leidsituation des Menschen*, daß *Gott sich vereint mit allem Leid und sich eins macht mit allen Opfern*.

2. Es erhebt sich die Frage, ob wir in *unserem* Denken über Gottes Güte und Allmacht uns nicht unsererseits eine Art idealen „*Roboter*" (Holländischer Katechismus, Seite 546) zurechtkonstruiert haben, von dem *wir* sagen können, was er richtig oder falsch gemacht hat. Vielleicht neigen wir vielzusehr dazu zu denken: *Unser* Wille geschehe durch Dich!

Wird in diesem Zusammenhang deutlich, was Jesus gemeint hat mit dem Wort, daß es den Kleinen geoffenbart werde, nicht aber den Großen? (Mt 11, 25; wobei die „Großen" diejenigen sind, die ihr eigenes Maß und Gesetz suchen und an Gott herantragen.) Ist der Gott der Philosophen nicht zu sehr ein von Menschen gemachter? Müssen wir nicht viel mehr in der Weise der „Kleinen" angesichts des Kreuzes Christi, das alles Leid der Welt auf sich hinzieht, schweigen und das Geheimnis des unbegreiflichen Gottes anerkennen?

3. Damit hängt die Frage zusammen, ob wir vielleicht versäumt haben, durch Jesus *den Weg zu Gott als zu unserem Vater zu suchen* und statt dessen versucht haben, *nur* durch unsere Vernunft den Weg zu einem absoluten Weltengrund und Weltensinn zu finden?

Das Kreuz Jesu ist aber nicht nur das Zeichen des Mitleidens und Für-uns-Leidens des menschgewordenen Gottessohnes. Dieses Zeichen weist über sich hinaus. Jesus erfüllt in unüberbietbarer Weise die schon alttestamentliche Lehre, daß Gott aus dem Bösen Gutes hervorgehen lassen kann. Denn Jesus bleibt ja nicht im Leiden und im Tod. *Das Kreuz ist der Hinweis auf die Auferstehung.* Dahin zielt das ganze Geheimnis der Menschwerdung Gottes, sein Leben, sein Leiden, sein Sterben.

Das Kreuz wird so für uns das Hoffnungszeichen, daß es für einen jeden gerade auch in Schmerz und Unglück eine Zukunft gibt, die uns von Jesus Christus geöffnet wurde. Wie er uns gleichförmig wurde in seinem Menschsein bis zum Tod, so sollen wir ihm folgen in der Auferstehung.

Jesus Christus gibt uns durch sein Kreuz und durch seine Auferstehung den Hinweis, daß alles in Gottes Hand steht, daß er alles zur Vollendung führen wird, *„trotz des Bösen, ja sogar durch das Böse hindurch. Auf die ganze Wirklichkeit bezogen, gibt es also sogar für das Böse noch einen sinnvollen Ort“*[4].

„Wenn wir aber daraus den Schluß ziehen, daß Gott ‚also‘ dessen Urheber ist, behaupten wir mehr, als wir wissen können. Er bleibt der Feind des Bösen und des Schmerzes“[5]. *Er läßt jedoch das Böse zu. Das ist der Befund, und das ist die christliche Lehre.*

Wie aber sieht Gottes Zulassen aus? Auch hier ist Jesus Christus die Antwort. *„So sieht Gottes ‚Zulassen des Bösen‘ aus: Weinen um einen Freund, Blut schwitzen um sich selbst. Wäre es anders möglich gewesen? Wäre ein leichterer Weg nicht besser gewesen? Was wissen wir davon? Das einzige, was wir mit Gewißheit sagen können, ist, daß Gott nicht ruhig, gleichsam mit verschränkten Armen, das Böse gewähren läßt. In Jesus, dem Bild des Unsichtbaren, sehen wir, wie Gott ist. Auch in seinem Kampf bis aufs Blut gegen Leid und Übel dürfen wir Jesus sagen hören: ‚Wer mich sieht, sieht den Vater‘* (Joh 14, 9)“[6].

„Der Satz ‚Gott läßt das Böse zu‘ hat deshalb den Sinn, daß Gott auch aus dem Bösen Gutes hervorgehen lassen kann, und insofern ist dieser Satz gut.

Er sagt aber nicht, wie dies geschieht, und insofern ist er irreführend. Besser und wahrer ist es zu sagen: Gott kämpft gegen das Böse, er rettet aus dem Bösen; das ist sein Tun"[7].

Das Übel in der Welt und das Leid eines jeden einzelnen bleiben im unerforschlichen Geheimnis. Auch Gottes Zulassung bleibt im Dunkel. Aber Jesus zeigt uns gerade in seiner äußersten Todesnot die Richtung für eine Antwort.

„Der furchtbarste Augenblick in der Passionsgeschichte Jesu ist doch wohl jene Stelle, an der er in der äußersten Qual des Kreuzes laut aufschreit: ‚Mein Gott, mein Gott, warum hast du mich verlassen?' Dies ist ein Psalmwort, in dem das leidende, geschundene, um seines Glaubens willen verspottete Israel seine Not Gott ins Angesicht ruft. Aber dieser Gebetsschrei eines Volkes, dem seine Erwählung, seine Gemeinschaft mit Gott geradezu zum Fluch geworden schien, erhält seine ganze Unheimlichkeit erst im Munde dessen, der doch Gottes erlösende Nähe unter den Menschen ist. Wenn ER sich von Gott verlassen weiß, wo soll dann Gott noch zu finden sein? Ist dies nicht wirklich die Sonnenfinsternis der Geschichte, in der das Licht der Welt erlosch?"[8]

Aber gerade an dieser äußersten Grenze wird deutlich, wohin die Antwort Jesu auf die Frage nach dem Übel weist:

1. Jesus betet. Selbst in dieser absoluten Verlassenheit sagt er nicht: „Gott hat mich verlassen", sondern: „Gott, mein Gott, warum hast *du* mich verlassen?" Sogar in dieser äußersten Einsamkeit und Todesnot weiß er noch um die Nähe Gottes und spricht ihn an. Er gibt uns dadurch das Beispiel, uns im persönlichen Leid und angesichts des Übels der Welt nicht nur mit Gedanken über die Not und ihre Rätselhaftigkeit zu begnügen, sondern uns von Angesicht zu Angesicht einem *Du* zuzuwenden. Glücklich, wer in solcher Lage einen Menschen findet, der ihn versteht und annimmt. Jesus, der in dieser seiner Not ganz unverstanden war, zeigt uns, daß das letzte *Du* Gott ist und er selbst, in dem Gott uns als Mensch erscheint. *„Er wandert treu zur Seite, wenn alles uns vergißt"* (Kirchenlied).

2. Jesus ruft in seiner Todesnot den ersten Vers aus Psalm 22: *„Mein Gott, mein Gott, warum hast du mich verlassen."* Aber der Psalm geht weiter. Er bleibt nicht in der Gottverlassenheit. Man muß diesen Psalm aus der Todesnot Jesu, aus der „Sonnenfinsternis der Geschichte", zu Ende hören. Der im Tod verstummende Jesus fordert uns gleichsam auf, die von ihm eingeleiteten Sätze zu Ende zu sprechen. In Vers 22 ff heißt es: *„Du bist es, der mich erhört hat; nun will ich deinen Namen meinen Brüdern künden, inmitten der Gemeinde dich preisen. Dir verdanke ich meinen Jubel."* Der Psalm endet im *Sieg.* Dieser Sieg stammt nicht aus dem Leiden selbst, sondern wird von der alles überragenden Liebe Gottes geschenkt.

3. Jesus nimmt seinen Notschrei mit in den Tod. Aber *er bleibt nicht im Tod.* Er kehrt auch nicht zurück in dieses Leben. Er geht vielmehr in der

Auferstehung zu einem *Sein neuer Qualität* voran. Für diese neue Seinsweise verwenden wir bildhafte Ausdrücke wie „verklärter Leib", „sein Antlitz strahlte wie die Sonne". In dieser seiner Verherrlichung verkündet uns Jesus den tiefsten Sinn des Leides. Er sagt den verzagten Emmausjüngern: *„Mußte der Messias nicht dieses alles leiden und so in seine Herrlichkeit eingehen?"* (Lk 24, 26).

Die Christen begreifen diesen Gedanken richtig, wenn sie das Osterlied singen: *„Verklärt ist alles Leid der Welt."* Es wird nicht übermalt. Es wird nicht verharmlost. Es wird in seiner Furchtbarkeit ernstgenommen. Daher wird es auch nicht erklärt. Es bleibt tief im Geheimnis stehen. Aber es wird nun in eine Verheißung gestellt. Indem Jesus Christus Leid und Tod hineinnahm in seine Auferstehung, wurde er uns zur Antwort auf die Frage nach dem Sinn des Übels. Als *„Erstling der Entschlafenen"* (1 Kor 15, 20) ist er in seinem Tod und seiner Auferstehung die Verheißung künftiger Herrlichkeit.

Die Antwort Jesus Christus ist ein Anruf an unsere Freiheit

Weil die Antwort, die Jesus gibt und die er in seinem gottmenschlichen Dasein selbst ist, sich dem Verstand nicht notwendigerweise aufzwingt, ist sie ein *Anruf an unsere Freiheit.* Jesus ist auch hier das Zeichen, das verworfen werden kann. Sein Leiden, sein Tod und seine Auferstehung bleiben im Geheimnis. Daher ruft uns Jesus angesichts der Sinnlosigkeit des Übels und des Leides auf, in ihm auch hier den Weg, die Wahrheit und das Leben zu sehen. Er fordert auch hier auf, ihm in Glauben und Vertrauen nachzufolgen.

Diese Forderung Jesu besteht wesentlich darin, daß jeder im Glauben an den von ihm verkündigten Vater sein Kreuz ergeben annehmen und voll Vertrauen auf Heil und vollendende Erlösung tragen soll. Gewiß wird hier die passive Tugend der *Ergebenheit* in den unbegreiflichen Willen Gottes gefordert, eine Tugend, die heutzutage, da alles nach Aktion und nach Machbarkeit ruft, schwerfällt. Aber auch heute bleibt letztlich trotz allem Können der Menschen das Schweigen vor den Rätseln der Bosheit und des Unglücks. Auch heute wird der Mensch im Leid bereit sein müssen, es zu erdulden.

Jesus fordert, in der Not sich Gott dem Vater von Angesicht zu Angesicht zuzuwenden. Jesus fordert auf zu beten und gibt uns das Beispiel. Wir sollen aber das Antlitz des Vaters in seinen leidenden Zügen erkennen und so uns dem Geheimnis von Leid und Erlösung nähern. „*Wer sich betend in dieses Geheimnis vertieft, beginnt zu begreifen, wie das ganze Menschenleben in einer möglichen Liebe geborgen ist*“[9].

Ergebenheit, Duldung, Gebet sind aber nur die eine Seite. Ratzinger zeigt uns das Ganze am Beispiel des *Isenheimer Altars*, der „*vielleicht das erregendste Kreuzbild der Christenheit überhaupt*“ ist[10]. Er sagt, der Altar habe in einem Antoniterkloster gestanden, in dem tätige Nächstenliebe geübt wurde. Im Anblick des leidenden Erlösers wußten die *Kranken* sich hineingenommen in *Leid und Auferstehung* Jesu. Sie kamen so zu *Ergebenheit und Hoffnung*. Die *Pfleger* aber wußten sich durch das gleiche Kreuzbild aufgerufen zur *helfenden Tat* christlicher Nächstenliebe. Der leidende Erlöser erscheint ihnen gleichförmig mit dem geringsten seiner Brüder.

So ruft der Gekreuzigte und Auferstandene als die Hoffnung der Welt auf zur Tat. „*Wer die Wahrheit tut, der kommt an das Licht*“ (Joh 3, 21). Sein Aufruf zur Tat ist die Forderung, an der Verbesserung der Welt praktisch mitzuarbeiten. Jede Tat, die den Menschen hilft, ist verwirklichte Nächstenliebe. Das Leid hat auch den Sinn, an die Freiheit des Menschen den Ruf nach tätiger Nächstenliebe zu richten. Am Leid soll sich die Liebesfähigkeit der Menschen steigern. Die Läuterung durch das Leid besteht sicher auch in der Chance, größere Liebe zu gewinnen. Wer angesichts des Leids wegschaut, theoretisiert oder vorbeigeht, tut nicht, was Jesus will. Wer dagegen durch sein Tun die Liebe verwirklicht, ist in der Nachfolge Jesu.

Jesus hat nicht den Überfall auf den Mann am Wege nach Jericho bejaht; aber durch diesen Überfall und durch das Leid des Überfallenen wird ein Anruf an die Freiheit der Vorübergehenden gerichtet zu helfen. Zwei versagen sich; aber in dem einen, der hilft, steigert sich das Menschsein, in dem Liebe verwirklicht wird.

„Die Ausrichtung auf Gott als die absolute Zukunft hebt also die Verantwortung für diese Welt nicht auf, sondern radikalisiert sie. Denn wer weiß, daß Gott einst alle Tränen abwischen wird, wird nicht resigniert die Tränen der Gequälten und Gefolterten fließen lassen. Wer weiß, daß die Krankheit einst nicht mehr sein wird, tut schon jetzt das Nötige, um die Krankheit des einzelnen und der Gesellschaft zu heilen. Wer weiß, daß der Feind der Menschen, der Teufel, bereits überwunden ist, wird ihm und seinen Machenschaften trotz Schlappen und Niederlagen immer wieder mit neuer Zuversicht entgegentreten. Entweder Hoffnung und zeichenhafte Verwirklichung bereits in dieser von Gott geschaffenen und geliebten Welt oder überhaupt keine Hoffnung“[11].

Das Thema der Weltmelodie, von der wir in unserer Zeit nur ein Ton sind, ist Jesus Christus, der Mensch geworden ist bis zur Tiefe menschenmöglichen Leides, der hinabgestiegen ist bis in das

Reich des Todes, der aber in seiner Auferstehung durch diesen Tod hindurchgegangen ist zu einem ewigen Leben in der Herrlichkeit Gottes, des Vaters. Dadurch hat er für alles Übel und alles Leid die Richtung geoffenbart. Das Zeichen, das er dafür errichtet hat, das Kreuz, zunächst ein Werkzeug der Bosheit und ein Ausdruck des Leides, wird zum Hoffnungszeichen für die Auferstehung und Vollendung. Wer das Kreuz Christi in freier Entscheidung ernst nimmt, verstummt zwar vor dem Geheimnis des Übels und des Bösen, weil er weiß, daß es keine Lösungen gibt, die die Vernunft voll erfassen könnte, er glaubt aber, daß dieses quälende Rätsel und alle persönlich erfahrbare Not aufgehoben werden in der Hoffnung auf eine endgültige Zukunft. Diese ist uns aber aufgeschlossen durch Jesu Auferstehung zu Heil und Herrlichkeit.

Es sollte nachdenklich stimmen, daß der Mensch, der am stärksten mit Jesus verbunden war, ganz in seiner Nachfolge lebte, voll der Gnade Gottes war, daß die Mutter Gottes zugleich die Mutter der Schmerzen, die schmerzensreiche Mutter ist. Gerade in ihrem Mitleiden unter dem Kreuz wurde sie ihrem Sohn gleichförmig. Das christliche Volk hat den Blick immer wieder auf diese Frau gerichtet. Sie ist aber nicht nur die Mutter unter dem Kreuz, die Mutter, die ihren geschundenen toten Sohn in stummer Klage auf ihren Schoß nimmt, sie ist auch die von ihrem Sohn erhöhte und verherrlichte. Sie ist die erste aller von ihm zur Vollendung Erlösten. In unzähligen Bildern haben die Künstler das alles darzustellen gesucht. *In Leid und Verherrlichung ist Maria in der Nachfolge ihres Sohnes das Vorbild und Zukunftszeichen der ganzen Kirche und jedes einzelnen in ihr.*

... Erlöse uns
von dem Bösen.

Denn dein ist das Reich
und die Kraft
und die Herrlichkeit
in Ewigkeit.
Amen.

Gebet des Herrn

Unendlicher, gewaltiger, unbegreiflicher Gott!

Die Welt, die Du geschaffen hast, ist voller Unglück, Leid, Bosheit und Sünde.
Wir sträuben uns dagegen, scheitern aber mit all unserem Bemühen und müssen es hinnehmen.
Unser Verstand grübelt nach Ursache und Sinn all des Übels und kann doch keine Erklärung finden.
Da möchten wir an Dir zweifeln und in unserer ausweglosen Not sogar verzweifeln.

Du aber hast uns Deinen Sohn Jesus Christus gesandt.
Er wurde Mensch bis in die tiefsten Tiefen des Leides hinein.
Er lehrte uns, trotz allem Unbegreiflichen zu Dir „Vater" zu sagen
und unser Geschick voll Vertrauen in Deine Hände zu legen.
Er gab uns das Beispiel seiner Verbundenheit mit Dir selbst in der Stunde seiner Todesnot.

Er errichtete das Kreuz als Zeichen, daß aus Leid, Not und Tod Auferstehung in Herrlichkeit wird.

Jesus Christus, laß uns immer tiefer in das Geheimnis Deines Kreuzes eindringen!
Laß unser Vertrauen, unsere Hoffnung, unsere Liebe wachsen,
wo unser Verstand schweigen muß!
Hilf uns, in unserem Leid einen Sinn zu sehen,
indem wir es vertrauensvoll mit Deinem Leid verbinden
und Dich bitten, es mit uns in Deine Auferstehung hineinzunehmen!
Gib uns auch die Kraft, in tätiger Nächstenliebe Deinen Weg zu gehen
und so den Kampf gegen alles Leid und gegen jede Not aufzunehmen!
Laß uns das Geheimnis von Leid und Erlösung immer mehr erfassen!

Stelle auch das Bild Deiner mit Dir leidenden und von Dir verherrlichten Mutter als Zeichen für unsere Hoffnung neu vor uns hin!

Niedergedrückt von Leid

von Schmerz, Krankheit, Enttäuschung,
Einsamkeit weiß ich nicht ein noch aus.
Ich bin ganz auf mich zurückgeworfen.
Ich habe keinen Menschen, der mich ganz versteht.
Ich bin allein.

Auch Du, Gott, bist so ferne.
Ich verstehe nichts mehr.
„Mein Gott, mein Gott, warum hast Du mich verlassen?"

So rief Dein Sohn am Kreuz. Dein Sohn!
Er litt alle Not, alles Leid, alle Einsamkeit.

Laß mich ihn anschauen! Laß mich durch ihn verstehen!
Laß mich mit ihm rufen: „Vater, in deine Hände befehle ich meinen Geist!"
Schenke mir durch ihn Heil, Hoffnung, Auferstehung!
Lehre mich, von mir wegzuschauen auf ihn und auf alle, die leiden!
Lehre mich zu sagen: „Ja, Vater!"

Gott, Du hast mir Kraft gegeben

mein Leid zu tragen und zu überwinden. Oft meinte ich, es gehe nicht mehr weiter. Wie Ijob war ich verlassen und einsam in meinem Schmerz. Ich verstand Dich nicht und haderte mit Dir.

Doch jetzt bin ich befreit.
Auch heute kenne ich nicht Deine verborgenen Ratschlüsse. Aber ich weiß mich trotz allem in Deiner Hand geborgen. Du bist der Vater, dessen Kinder nicht mehr ängstlich besorgt sein müssen. Du gabst mir ein neues Vertrauen.

Nun habe ich wieder Mut. Tapfer will ich mein Kreuz tragen. Dein Sohn soll mir vorangehen. Er soll mich lehren, daß ich eine Zukunft habe, daß Du meine Hoffnung und mein ewiges Ziel bist.

Ich bin eins mit allen, die Deinem Sohn nachfolgen, die er gerufen hat und die er zu Dir führt. Ich bin nicht mehr allein und einsam.

Herr, ich bin aufgerufen zu helfen

Du weißt, daß ich es gern tue.
Aber ich spüre, wie ich schwach werde.
Das Leid und das Elend, das ich sehe,
machen mich krank.
Das Kreuz der andern ist oft für mich zu schwer.
Ich möchte es fallen lassen und mich davon machen.

Gib Du mir die Kraft durchzuhalten!
Gib mir täglich neuen Mut zu helfender Tat!
Laß mich für die Menschen da sein!
Laß mich sie lieben um ihrer selbst willen, aber auch um Deinetwillen, der Du mir begegnest in jedem Armen, Kranken, Leidenden!

Stärke mein Herz! Nimm ihm die Schwäche der Verzagtheit und die Schwäche eines zu sehr quälenden Mitgefühls, aber bewahre es auch vor mitleidloser Verhärtung! Mache es stark in der Liebe!

Entzünde in mir die Glut **Deiner** Liebe!

Herr, ich bin glücklich

Du hast mir viel geschenkt.
Ich erkenne, daß ich keine Verdienste habe,
die Du belohnen müßtest.
Hilf mir, in meinem Glück nicht überheblich
zu werden!
Lehre mich, Dir in Demut zu danken!

Laß mich aber auch erfassen, welchen Sinn
mein Glück hat!
Um mich her sehe ich Ängste, Leid und Not.
Ich bin davon verschont. Ich kann es selbst
kaum begreifen.
Was hast Du mit mir vor?
Soll mein Glück mich fähig und
stark machen zu helfen?

Ja, laß mich aus vollem Herzen weiter-
schenken, was Du mir gegeben hast!
Laß mich ein Werkzeug Deiner Liebe sein!
Ich will das Talent, das Du mir gegeben
hast, nicht egoistisch vergraben.
Ich will Dir nachfolgen und ein Licht für
die Welt sein und ein Salzkorn gegen die
Fäulnis.

Mache mich froh in meinem Glück! Hilf mir aber auch, daß meine Freude tiefer begründet ist als in allem, was Du mir schenkst.

Laß sie in Dir selbst gegründet sein! Schenke mir dadurch die Gelassenheit, die mich stark macht, wenn Prüfungen und Belastungen kommen!

Anmerkungen

1 Glaubensverkündigung für Erwachsene. Deutsche Ausgabe des Holländischen Katechismus (Nijmegen-Utrecht 1968). S. 25.
2 Ebd. S. 25.
3 Josef Ratzinger, Karfreitag, in „Dogma und Verkündigung" (München-Freiburg 1973). S. 331.
4 Glaubensverkündigung, S. 547.
5 Ebd. S. 547.
6 Ebd. S. 550 f.
7 Ebd. S. 551.
8 Ratzinger, a. a. O., S. 332.
9 Glaubensverkündigung, S. 552.
10 Ratzinger, a. a. O., S. 335.
11 W. Bühlmann, Wo der Glaube lebt. Einblicke in die Lage der Weltkirche (Freiburg 1974). S. 305 f.

Inhaltsübersicht